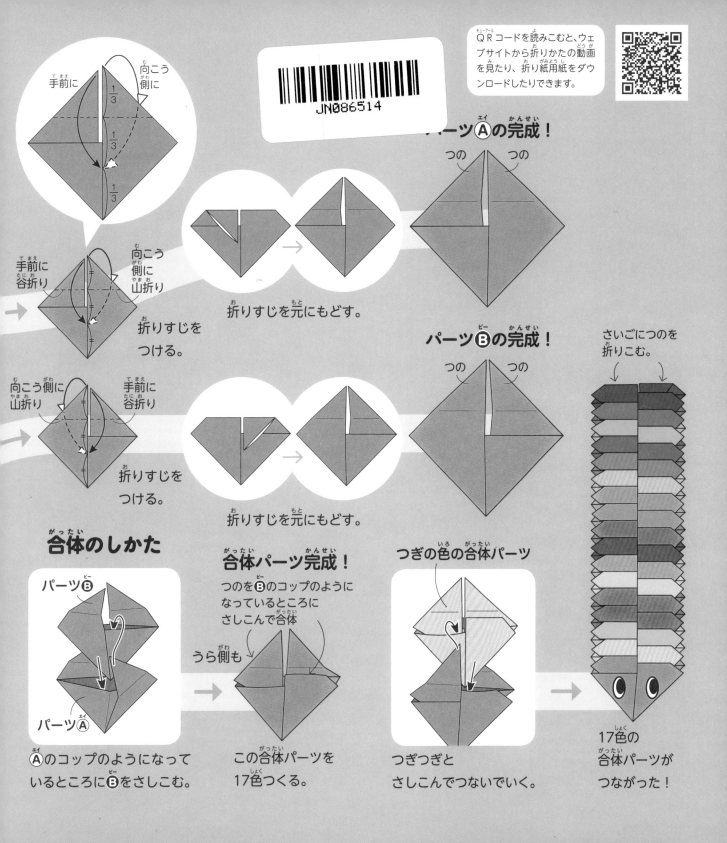

手前に　向こう側に

手前に　1/3

向こう側に　1/3

1/3

ＱＲコードを読みこむと、ウェブサイトから折りかたの動画を見たり、折り紙用紙をダウンロードしたりできます。

パーツＡの完成！

つの　つの

手前に谷折り　向こう側に山折り

折りすじをつける。

折りすじを元にもどす。

パーツＢの完成！

つの　つの

向こう側に山折り　手前に谷折り

折りすじをつける。

折りすじを元にもどす。

さいごにつのを折りこむ。

合体のしかた

パーツＢ

パーツＡ

ＡのコップのようになっているところにＢをさしこむ。

合体パーツ完成！

つのをＢのコップのようになっているところにさしこんで合体

うら側も

この合体パーツを17色つくる。

つぎの色の合体パーツ

つぎつぎとさしこんでつないでいく。

17色の合体パーツがつながった！

SDGsのきほん

エスディージーズ

ジェンダー 目標5

著・稲葉茂勝　監修・渡邉 優
編さん・こどもくらぶ

SDGs基礎知識 ○✕ クイズ

Q1 SDGs目標5のテーマは、「ジェンダーをなくそう」である。

Q2 「ジェンダー」とは、「社会的・文化的な性差」のことである。

Q3 SDGs目標5のターゲット（具体的な目標）には、女性の家事労働を評価するという目標もかかれている。

Q4 世界でもっとも男女格差が小さい国は、アイスランドである。

Q5 開発途上国では、先進国にくらべると、女性が子どもをたくさん産んでいる。

Q6 女性が「権限」を失うことを「エンパワーメント」といっている。

Q7 日本では、いまだに「男性は仕事、女性は家庭」という考えかたに賛成の人が半数以上いる。

Q8 女性の識字率をあげることは、女性差別をなくすことにつながる。

Q9 日本で男女平等についてふれた法律（男女雇用機会均等法）ができたのは、21世紀に入ってからである。

Q10 「性的少数者」とは、女性のようなかっこうをする男性のことである。

答え　**Q1** ✕ (→p10)　**Q2** ○ (→p10)　**Q3** ○ (→p26)　**Q4** ○ (→p6・16)　**Q5** ○ (→p15)　**Q6** ✕ (→p16)　**Q7** ✕ (→p19)　**Q8** ○ (→p21)　**Q9** ✕ (→p23)　**Q10** ✕ (→p11)

ステレオタイプって、何?

文/あぜみちあかり・稲葉茂勝　絵/大木あきこ

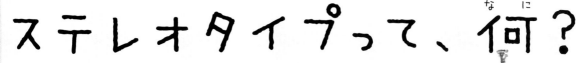

そのまちにどこからともなくやってきたサン。
サンに話しかけたのは、ルナだった。
そっと近づき、ひとりごとのようにつぶやいた。
「みんな、ステレオタイプなの」
「ステレオタイプって?」

1

「ほら、あのおじさんよ。あそこにいるおばさんも」

女は
女らしくしなさい。

そんな男みたいな服、
みっともない。

男は
なくもんじゃない!

サムライブルー、
なでしこはピンク?

男のくせにお化粧なんかして!
女みたいな言葉づかいはやめなさい。

「おとなばかりじゃないわ。男らしく、女らしくといわれても、ふしぎに感じない子も、
ステレオタイプよ。わたしだって、ステレオタイプかもしれないわ。
だって自分のことを、『ぼく』といわないで、『わたし』っていってる。
あっ、『ぼく』といっていたころがあったわ。小1のときかな?
でも、いつしかふつうの女の子の服を着て、話しかたも女の子……」

ルナの話はとまらなかった。

「でもね。わたしがいいたいのは、そういうことだけではないのよ。
世界には、女の子は学校になんかいかないでいい、勉強なんかしないでいいと
考えている人たちが、たくさんいるのよ」

その瞬間、ずっとだまって聞いていたサンの目が輝いた。

その通り。
世界には、女性は男性の
付属物だと考える人も多い。
最悪は、FGMって風習だ。

FGMって、何？

う、うーん。
それより、サンといっしょに
ジェンダー平等のために
たたかおうよ。

なによ、それ？
でも、いいわ。
ルナもそれが
いいたかったから

3

「きみは、ルナっていうのか。『月』っていう意味だよね」
「あなたはサン、『太陽』ね。失礼だけど、男の子よね？」
「いや、わかんないよ。男の子みたいなかっこうの女の子かも」
「えっ、そうなの？　ほんと？　何年生？　どこの学校？　どこからきたの？」
「なーんだ。ルナも、ふつうの女の子みたいなこと聞くんだね。ちょっと残念。
教えてあげるから、だれにもいわないでね」
「いわないわ。ぜったいに。
でも、ふつうの女の子って、どういうこと？
残念って？」

「じつはね、サンは、地球のジェンダー平等を
実現するために、ある星からきたんだ。
サンの星では、男も女もLGBTも、
みんな仲よくくらしている。
サンは、Tかな……」
目を丸くしてきいていたルナが、
思わず口をはさんだ。

「サン、もういいわ。おもしろかったー。
それで、ジェンダー平等のために、どうやって
たたかったらいいの？　そのへんの話が聞きたいわ」
「そうか、では、教えてあげるね。それには、
SDGs目標5のターゲットをひとつひとつクリアすること」
「SDGs目標5は、ルナも知ってる。
でも、具体的にどうしたらいいか、わからなくて……。
だからあなたにステレオタイプの話をしたのよ」
「うむ！　そうだったのか。サンの星では……」
「やめて、その話はもういいから。いっしょに考えましょ！」

⑤

右の世界地図は、「ジェンダーギャップ指数」を示したものです。ジェンダーギャップ指数が低いほど、男女格差が大きく、女性が社会的に弱い立場にあることをあらわしています。

ジェンダーギャップ指数

「ジェンダーギャップ指数（Gender Gap Index, GGI）」とは、男女格差を数値であらわしたもの。「世界経済フォーラム*」が2006年より毎年、国際機関などが提供する経済・教育・政治・健康の4つの分野のデータをもとに点数をつけ、国別にランキング化して発表しています。

この指数では、主につぎの点における男女差に着目して各国に点数をつけています。

① 経済面：給与、雇用数、管理職の数
② 教育面：初等教育や高等教育の就学者数
③ 政治面：国会議員数や閣僚の数
④ 健康面：寿命

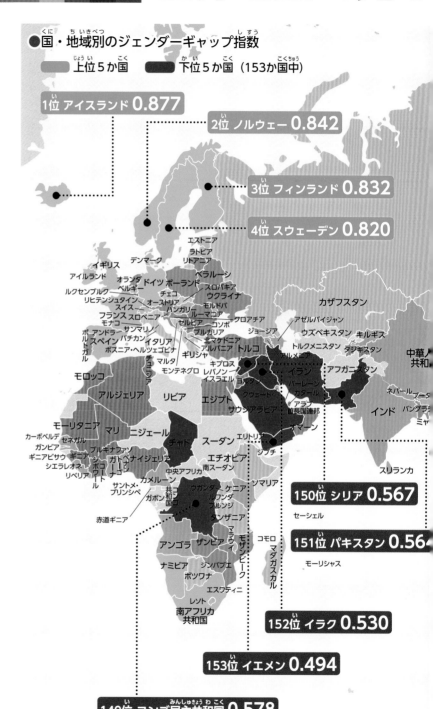

● 国・地域別のジェンダーギャップ指数

上位5か国　　下位5か国（153か国中）

1位 アイスランド 0.877
2位 ノルウェー 0.842
3位 フィンランド 0.832
4位 スウェーデン 0.820

150位 シリア 0.567
151位 パキスタン 0.56
152位 イラク 0.530
153位 イエメン 0.494
149位 コンゴ民主共和国 0.578

*1971年、スイスで設立された世界情勢の改善をめざす非営利団体。

<ruby>男女格差<rt>だんじょかくさ</rt></ruby>

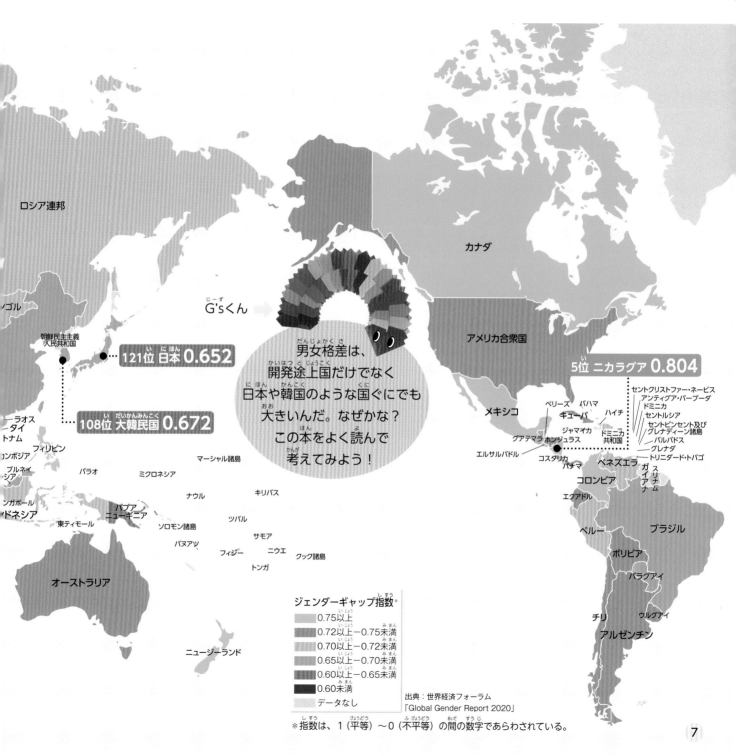

ロシア連邦

カナダ

アメリカ合衆国

朝鮮民主主義
人民共和国

G'sくん ➡

121位 <ruby>日本<rt>にほん</rt></ruby> 0.652

108位 <ruby>大韓民国<rt>だいかんみんこく</rt></ruby> 0.672

<ruby>男女格差<rt>だんじょかくさ</rt></ruby>は、
<ruby>開発途上国<rt>かいはつとじょうこく</rt></ruby>だけでなく
<ruby>日本<rt>にほん</rt></ruby>や<ruby>韓国<rt>かんこく</rt></ruby>のような<ruby>国<rt>くに</rt></ruby>ぐにでも
<ruby>大<rt>おお</rt></ruby>きいんだ。なぜかな？
この<ruby>本<rt>ほん</rt></ruby>をよく<ruby>読<rt>よ</rt></ruby>んで
<ruby>考<rt>かんが</rt></ruby>えてみよう！

5位 ニカラグア 0.804

セントクリストファー・ネービス
アンティグア・バーブーダ
ドミニカ
セントルシア
セントビンセント及び
グレナディーン諸島
バルバドス
グレナダ
トリニダード・トバゴ

ベリーズ バハマ
キューバ ハイチ
ジャマイカ
メキシコ ドミニカ
共和国
グアテマラ ホンジュラス
エルサルバドル
コスタリカ ベネズエラ ガイアナ スリナム
パナマ コロンビア

ラオス
タイ
トナム
フィリピン
ンボジア
ブルネイ
・シア
ンガポール
ドネシア
東ティモール

ゴル

マーシャル諸島

パラオ

ミクロネシア

ナウル

キリバス

パプア
ニューギニア
ソロモン諸島
バヌアツ
フィジー

ツバル

サモア
ニウエ
クック諸島
トンガ

エクアドル

ペルー

ブラジル

ボリビア

パラグアイ

チリ ウルグアイ

アルゼンチン

オーストラリア

ニュージーランド

ジェンダーギャップ<ruby>指数<rt>しすう</rt></ruby>*

- 0.75<ruby>以上<rt>いじょう</rt></ruby>
- 0.72<ruby>以上<rt>いじょう</rt></ruby>−0.75<ruby>未満<rt>みまん</rt></ruby>
- 0.70<ruby>以上<rt>いじょう</rt></ruby>−0.72<ruby>未満<rt>みまん</rt></ruby>
- 0.65<ruby>以上<rt>いじょう</rt></ruby>−0.70<ruby>未満<rt>みまん</rt></ruby>
- 0.60<ruby>以上<rt>いじょう</rt></ruby>−0.65<ruby>未満<rt>みまん</rt></ruby>
- 0.60<ruby>未満<rt>みまん</rt></ruby>
- データなし

出典：世界経済フォーラム
「Global Gender Report 2020」

＊<ruby>指数<rt>しすう</rt></ruby>は、1（<ruby>平等<rt>びょうどう</rt></ruby>）〜0（<ruby>不平等<rt>ふびょうどう</rt></ruby>）の<ruby>間<rt>あいだ</rt></ruby>の<ruby>数字<rt>すうじ</rt></ruby>であらわされている。

はじめに

　みなさんは、このシリーズのタイトル「SDGsのきほん」をどう読みますか？「エスディージーエスのきほん」ではありませんよ。「エスディージーズのきほん」です。

　SDGsは、英語のSUSTAINABLE DEVELOPMENT GOALSの略。意味は、「持続可能な開発目標」です。SDGがたくさん集まったことを示すためにうしろにsをつけて、SDGsとなっているのです。

　SDGsは、2015年9月に国連の加盟国が一致して決めたものです。17個のゴール（目標）と「ターゲット」という「具体的な目標」を169個決めました。

　最近、右のバッジをつけている人を世界のまちで見かけるようになりました。SDGsの目標の達成を願う人たちです。ところが、言葉は知っていても、「内容がよくわからない」、「SDGsの目標達成のために自分は何をしたらよいかわからない」などという人がとても多いといいます。

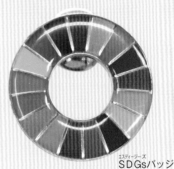

SDGsバッジ

　ということで、ぼくたちはこのシリーズ「SDGsのきほん」をつくりました。『入門』の巻で、SDGsがどのようにしてつくられたのか、どんな内容なのかなど、SDGsの基礎知識をていねいに見ていき、ほかの17巻で1巻1ゴール（目標）ずつくわしく学んでいきます。どの巻も「絵本で考えよう！SDGs」「世界地図で見る」からはじめ、うしろのほうに「わたしたちにできること」をのせました。また、資料もたくさん収録しました。

　さあ、このシリーズをよく読んで、みなさんも人類の一員として、SDGsの目標達成に向かっていきましょう。

稲葉茂勝

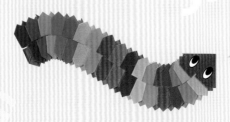

SDGがたくさん集まって、SDGsだよ。

もくじ

① 「ジェンダー平等を実現しよう」とは?

SDGs目標5は、目標3「すべての人に健康と福祉を」や目標10「人や国の不平等をなくそう」、目標16「平和と公正をすべての人に」などにも直接関係しているよ。

「ジェンダー」は「男らしさ・女らしさ」のことだといわれます。それでは「ジェンダー平等を実現しよう」は、「男は男らしく、女は女らしくしなさい」というのをやめよう（平等にしよう）ということになるのでしょうか?

「GENDER EQUALITY」とは?

SDGs目標5の「テーマ」*は、英語で「GENDER EQUALITY」、日本語では「ジェンダー平等を実現しよう」です。また、目標は下の通りです。

5 ジェンダー平等を実現しよう

- Achieve gender equality and empower all women and girls
- ジェンダー平等を達成し、すべての女性及び女児のエンパワーメントを行う
  (gender equality) (achieve) (all women) (girls) (empower) (→p16)

「ジェンダー」と「セックス」

「ジェンダー」を理解するためによくひきあいに出される言葉として、「生物学的な性差（sex）」があります。これは、人間がだれでも生まれもっている男女の性別のこと。日本では生後1週間以内に出生証明書を提出することになっていますが、そのときに書く性別（男か女かということ）が、生物学的な性差（セックス）です。

これに対し「ジェンダー」は、「社会的・文化的な性差（gender）」で、社会や文化によって決まる男と女のちがいをさしています。かんたんにいえば、ジェンダーは、服装や髪型、言葉づかい、家庭や職場での役割や責任、職業などに見られる男と女のちがいだということができます。

「ジェンダー平等」とは、こうしたジェンダーにもとづく差別や偏見をなくすことです。

*SDGsの各目標は、文章で書かれている。それに対し、ロゴマークの上に書かれた短い言葉がある。それを「テーマ」とよんでいる。

子どもはおとなの影響で2歳ごろから性別を判断し、3歳ごろから自分の性別を自覚しはじめるといわれている。

もっとくわしく

性的少数者

多くの人は、異性に対し恋愛・性愛感情をもつが、同性を対象にする人や、同性と異性どちらも対象にする人もいる。また、こころとからだの性が一致しない人もいる。そうした性的少数者を近年、つぎに記す言葉の頭文字をとって「LGBT」とよぶことがある。

• Lesbian（レズビアン・女性同性愛者）：同性を好きになる女性。

• Gay（ゲイ・男性同性愛者）：同性を好きになる男性。

• Bisexual（バイセクシュアル・両性愛者）：性別にかかわらず、異性または同性を好きになることのある人。

• Transgender（トランスジェンダー・性別越境者）：こころの性とからだの性が一致していない人。

ジェンダー平等を考える際には、性的少数者のこともわすれてはならない。

ジェンダー平等はなぜ必要？

なぜジェンダー平等が必要なのでしょうか。その理由は2つ。1つは、あらゆる人間は平等であり、ジェンダー平等は当然で、正しいことだからです。もう1つは、どんな国でも、社会をよくし経済を発展させていくには、人口の半分をしめる女性の力が必要だからです。女性はさまざまな差別によって自分たちの力をじゅうぶんに発揮できていません。女性に対するあらゆる差別をなくしていかないかぎり、世界は持続できない（持続不可能）といわれているのです。

11

② 世界の女性差別の実態

世界には、女の子だというだけで学校にいかせてもらえなかったり、子どもなのに結婚させられたり、信じられないような女性差別がある国や地域がまだたくさんあります。

インドでは、27％もの女の子が18歳を待たずして結婚しており、また7％が15歳未満で結婚させられるという。

そんなにひどいの!?

世界にはいまでも、女性は家事をして出産や子育てをするものだとか、女性がやる仕事は、畑仕事など家のまわりでやれることだけだ、などという考えかたが根強く残る国や地域がたくさんあります。

それどころか、男の子は労働力になるけれど、女の子はお金をかせぐ仕事ができないからといって売られてしまったり、むりやりからだを売る商売（売春）をさせられたりすることもあります。日本でもかつては、そのようなことがおこなわれていました。さらにひどいこととして、女性の性器の一部を切りとられること（FGM）まであります。

そんなひどいことがあるとは、信じられないかもしれませんが、事実だからこそ、SDGs目標5のターゲット（→p26）のなかに、つぎのように書かれているのです。

5.2　人身売買や性的、その他の種類の搾取などすべての女性および女子に対する公共・私的空間におけるあらゆる形態の暴力を排除する。

5.3　未成年者の結婚、早期結婚、強制結婚、および女性器切除など、あらゆる有害な慣行を撤廃する。

こうした女性への迫害は、とくに開発途上国で起きていますが、先進国でも、家事分担や職業などのあらゆる場面で女性差別が多く見られます。

もっとくわしく

連続テレビ小説 『おしん』にみる日本の男尊女卑

NHKの連続テレビ小説『おしん』(1983～1984年に放送)は、テレビドラマの最高視聴率を記録。アジアをはじめ世界68の国や地域で放送されて、「世界でもっともヒットした日本のテレビドラマ」となった。

明治、大正、昭和という貧困・戦争・復興のなかをたくましく生きぬく主人公おしんの姿が、日本人ばかりでなく、外国人にも共感された。だが、昭和時代に制作されたこのドラマには、男尊女卑のシーンが少なからず見られた。たとえば、父親がおしんを奉公にいかせる、つぎの場面だ。

おしん:「あんちゃんは、どこさもいかねでねえが、なしておれが」

父親:「あんちゃは男だ。田んぼや畑仕事を手伝ってもらわばなんねえ」

おしん:「おれ学校さいぎてえ、キヨちゃんといっしょに」

父親:「おなごが読み書きなど習ってなにになるんだ」

連続テレビ小説『おしん』のDVDジャケット。

もっとくわしく

インドの男尊女卑

インドでは、男性を重んじ女性を見くだす男尊女卑の態度・思想が根強く残っている。たとえば、法律で禁止されているものの、結婚するときに「ダウリー」という多額の持参金や品物を新婦から新郎に贈る風習が残っている。これも男尊女卑の1つの例だ。

さらに、結婚して赤ちゃんができても、妊娠中に子どもが女の子だとわかると中絶させられることもあるという。

③ 女性差別が起こる背景

女性に対する差別の背景には、さまざまな問題があります。
しかも、いくつもの問題が複雑にからみあって
女性たちを苦しめているのです。

女性差別の根底にある貧困

お金がなくて食べていけないというような貧困生活を送る人びとが、世界中に数えきれないほどいます。開発途上国のなかには、国自体にお金がなく、国民の大半が貧しい生活を送っている国も少なくありません（→『貧困』の巻）。

13ページに記した『おしん』の父親が「あんちゃは男だ。田んぼや畑仕事を手伝ってもらねばなんねえ」といったように、男性は仕事をして収入を得ることができるけれど、女性は男性のようにはかせげないといった思いこみから、女性が差別されているのです。

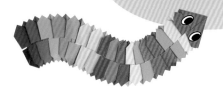

こうした女性が働けない
環境が、国の貧困の一因となって
いることもめずらしくないよ。

水道・電気・ガスがない

男性は家の外でかせぎ、女性は家のなかで家事や子育てをすればいいという考えかたは、現在の先進国ではなくなりつつあります。日本でも、そんなことをいう人は少なくなってきました。

それでも、開発途上国の多くの国では、そうした考えかたが根強く残っています。水道がなく、遠くはなれた川や池、井戸などから水を運んでこなければならない国では、水くみは女性や子どもの役目とされていて、1日に何時間も水くみのためについやさなければならないのです（→『水とトイレ』の巻）。水道がないような地域では、電気やガスがないのもふつうのことです。水くみは、子どももやらされますが、火を起こして食事のしたくをするのは、女性たちです。

水道がなく、電気もガスもないような地域にくらす女性にとって、水くみや食事のしたくが、大きな負担となっています。

燃料となるまきを運ぶ女性たち（ウガンダ）。電気もガスもないため、毎日のように燃料の調達にいく必要がある。

学校にいけない・いかない

　水くみや家の手伝いをして1日をすごす子どもたちは、学校にいきたくてもいく時間がありません。学校にいけない・いかないでおとなになった女性は、やがて結婚して子どもを産んでも、自分の子どもを学校にいかせる必要性がわからないといいます。

　子どもの教育がしっかりできていない国では、女性は家事や子育てをすればいいという女性差別がいまも根強く残っています。

　また、学校にトイレがない地域では、トイレにいけないという理由で、学校にいかない女の子がいます。じつは、トイレの問題も女性差別に大きくかかわっているのです。

子どもをたくさん産む

　開発途上国では、先進国にくらべて、女性が子どもをたくさん産んでいます。その理由をひとことでいうと、赤ちゃんが1歳未満で死んでしまう確率が高いからです（→『健康と福祉』の巻）。子どもは少し大きくなると、水くみや家の手伝いなどですぐに働かされます。つまり、働き手がほしいから子どもをたくさんつくるのです。ただでさえ貧しい家庭で子どもがふえれば、食料や水などがさらに多く必要になります。その結果、さらに貧困におちいることにもなるのです。

　このほか、女性差別の根底には、各地域の宗教、歴史、文化、風習といった根強い原因もあります。

④ 世界の主な国の女性差別

現在の世界は、開発途上国・新興国・先進国などに分類することができます。開発途上国の女性差別のようすは14、15ページに記しました。ここでは、先進国と新興国のようすを見てみましょう。

働く女性にとってベストな国

　ここでもう一度、ジェンダーギャップ指数ランキング（→p6）を見てみましょう。トップがアイスランド、2位がノルウェー、3位がフィンランド、4位がスウェーデンと、上位はすべて北欧の国ぐにであることがわかります。

　また下の表は、PwC*という会社が発表した「働く女性インデックス」とよばれるものです。2017年のOECD加盟国29か国の女性の経済的エンパワーメント指数をあらわしています。「エンパワーメント」とは、「力（権限）をあたえる」という意味の英語の empower からきた言

葉です。かんたんにいえば、女性が力をつけることを意味します。このランキングでも、1位はアイスランドとなっています。日本は、29か国中下から3番目と低い位置にあります。

　2つのランキングでともにトップとなったアイスランドでは、国会議員の約半数が女性です。女性議員が議会に生後まもない赤ちゃんをつれてきて、授乳しながら質疑応答をすることもあります。女性が職場に赤ちゃんをつれていくのが、ごくふつうのこととされています。また、従業員50人以上の企業では、女性管理職比率を4割にすることが義務づけられています。女性より男性のほうが育児休暇を多く取得することができる制度もあります。

●女性の経済的エンパワーメント指数ランキング

順位	国名	指数
1	アイスランド	79.1
2	スウェーデン	76.1
3	ニュージーランド	73.6
4	スロベニア	73.5
5	ノルウェー	72.3
27	日本	53.1

「働く女性インデックス2019（Women in Work Index 2019）」

日本は、女性の社会進出がまだまだできていない国ということだよ。

オーストラリア連邦議会に赤ちゃんをつれて出席する女性議員。アイスランドだけでなく、議会に赤ちゃんをつれていくことを認める国はふえている。

＊「プライスウォーターハウスクーパース」という世界的なコンサルティング企業。

建物には「中国を強く豊かに、国家を繁栄させ、人口を管理せよ」と中国語で書かれている。

「BRICS」では

「BRICS」は、ブラジル、ロシア、インド、中国、南アフリカ共和国の5か国の英語の国名の頭文字をあわせた言葉です。「新興国」とよばれるこれらの国は、近年急速に経済成長をとげてきました（→『貧困』の巻）。ところが「BRICS」に共通することとして、インドのように、その国に古くからある「男尊女卑」（→p13）の風習をたちきれていないことがあります。

・ブラジル：若い世代ではしだいに変化しているとはいえ、女性に対し、「家事や子育てに専念する妻・母の役割」を期待する傾向が強い。また、女性差別だけでなく、人種差別もあるため、とくに黒人女性が強い差別を受けている。女性の5人に1人が男性からなんらかの暴力を受けたことがあるという調査結果まである。

・中国：1949年に新中国が成立した際、男女平等の原則が法的に確立。1954年には、憲法で「女性は政治、経済、文化、教育、社会生活と家庭生活の各分野で男性と平等の権利を有する」（第96条）と定められた。だが、実際には、女性差別が各分野に存在し、家庭内暴力や誘拐、人身売買といった女性の人権侵害が続いた。人口増加の対策として1979年に導入された「一人っ子政策」（1組の夫婦につき子どもを原則として1人に制限する政策）により、女の子より男の子が好まれる風習がもともと根強いこともあり、多くの女児の命がうばわれた。その後、経済成長とともに、2015年には「一人っ子政策」は正式に廃止されたが、まだまだ男尊女卑の考え方は残っている。

17

オランダのアムステルダムで国際女性デー（3月8日）におこなわれたデモ。ジェンダー平等を求める声は世界中からあがっている。

⑤ 日本の男女格差

現在の先進国では、貧困を理由とした女性差別はほとんどありません。でも、日本では、まだ男女の不平等が見られます。ここでは、男女の不平等について見てみましょう。

ジェンダー不平等指数（GII）

男女の不平等を示す指標として、よくつかわれるものに「ジェンダー不平等指数（GII）」があります。GIIは、英語の Gender Inequality Index の頭文字で、国連開発計画（UNDP）が発表しているもの。

指数は、つぎの3側面における男女間の不平等に着目して算出されています。

①健康：妊産婦死亡率と15〜19歳の女性の出産数

②エンパワーメント：国会議員の女性の割合、中等・高等教育における女性の進学率

③労働市場への参加：女性の就労率

なお指数は、0（女性と男性が完全に平等）〜1（女性と男性が完全に不平等）のあいだの数字であらわされます。下の表のように、日本の順位は世界23位で、それほど低くはありません*。それは、健康面の指標と中等・高等教育の進学率の指標が良好だからだと考えられています。

●ジェンダー不平等指数ランキング

順位	国名	指数
1	スイス	0.037
2	スウェーデン	0.040
2	デンマーク	0.040
4	オランダ	0.041
5	ノルウェー	0.044
23	日本	0.099
158	マリ	0.676
159	中央アフリカ	0.682
160	チャド	0.701
161	パプアニューギニア	0.740
162	イエメン	0.834

出典：「人間開発報告書2019」

*G7の国ぐにのうち、フランス（8位）、イタリア（12位）、カナダ（18位）、ドイツ（19位）は日本より上位だが、イギリス（27位）、アメリカ（47位）は日本より下位にとどまっている。

ジェンダーギャップ指数（GGI）

2019年の日本の「ジェンダーギャップ指数（GGI）」は153か国中、121位（→p6）。2018年の110位からランクを落とし、過去最低となってしまいました。この結果について「ウィメンズアクションネットワーク（WAN）」は、「諸外国が大きく男女平等を推進しているあいだ、日本は何もしなかったため、結果として順位を下げた」と見ています。

この背景には、先進国をはじめとした世界の多くの国で近年、女性の社会進出が進んでいることがあげられています。国会議員全体にしめる女性の割合や、会社や組織のなかでの女性管理職の割合が、各国でどんどん高まる傾向にあるなか、日本は、女性の社会進出があまり進んでいません。また、家事や育児などが女性が外で働くことをさまたげている状態も解消されていません。内閣府がおこなった「男女共同参画」に関する2014年の世論調査によると、「男性は外で働き、女性は家庭を守るべき」という考えかたに賛成が44.6%、反対が49.4%でした。同じ質問に対して、2019年には賛成は35%にさがりましたが、男女の役割分担についての固定的な考えかたはいまだに根強く残っています。

テレビドラマやコマーシャルなどでも、いまだに女性が家事をして男性は仕事をする、というようにえがかれていることが多い。

⑥女性差別をなくすために

21世紀をむかえる2000年、人類は、その後の世界を持続可能にする、MDGs*とよばれる8つの目標を立てました。そのなかには「ジェンダーの平等の推進と女性の地位向上」もかかげられていました。

MDGsでは

MDGsでは、目標3「ジェンダーの平等の推進と女性の地位向上」、目標5「妊産婦の健康状態の改善」が直接女性にかかわるものとなっていました。また、目標4「幼児死亡率の引き下げ」も重要な課題でした。なぜなら、乳幼児死亡率が高いために、女性がどんどん子どもを産まされていたという現実があったからです。

●MDGsの8つの目標

出典：国連広報センターホームページ

 目標1：極度の貧困と飢餓の撲滅

 目標2：普遍的な初等教育の達成

 目標3：ジェンダーの平等の推進と女性の地位向上

 目標4：幼児死亡率の引き下げ

 目標5：妊産婦の健康状態の改善

 目標6：HIV／エイズ、マラリア、その他の疾病の蔓延防止

 目標7：環境の持続可能性の確保

 目標8：開発のためのグローバル・パートナーシップの構築

このMDGsは、ある程度の成果をあげましたが、残念ながら目標を達成することができませんでした。そこで、ジェンダー平等は2015年にSDGsにひきつがれたのですが、いまだに目標を達成できていません。それどころか、SDGsの目標期限とされる2030年までの達成もあやぶまれています。

アフリカのザンビアの親子。ザンビアでは乳幼児の死亡率の高さが問題になっている。

*Millennium Development Goals（→『入門』の巻）

識字率を高める

中東の国イエメンは、「ジェンダーギャップ指数」も「ジェンダー不平等指数」も最下位です（→p27）。その理由として、内戦が続き、社会が混乱し貧困にあえぐ人びとが多くいる、難民も多く発生しているなどといった国内事情があげられています。国が貧しいために、国民の教育がまったくできていないのです。

イエメンにかぎらず、男女格差の大きい国には共通する問題があります。それは、女性の識字率の低さです。「識字率」とは、国の全人口のなかで、文字を読み書きできる人の割合のこと。女性の識字率の低い国の多くが、ジェンダーギャップ指数も低くなっているのです。下の世界地図は、男女の識字率のちがいをあらわしたものです。地図からは、SDGs目標5「ジェンダー平等を実現しよう」について、世界のどの地域が目標から遠いかがおおよそわかります。茶色や赤色の地域の多くは、ジェンダー平等の実現には、ほど遠いといえるでしょう。

教育によって女性の識字率をあげていくことが男女格差をなくすための1つの対策だと考えられているよ。

●開発途上国の男性の識字率に対する女性の識字率の割合（2018年）

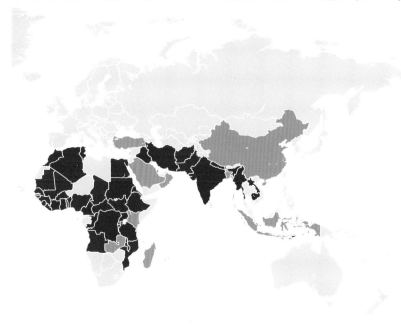

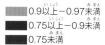 0.9以上−0.97未満
0.75以上−0.9未満
0.75未満

＊1で男女が同じ。
1未満は女性の方が識字率が低い。
＊15歳以上の男女が対象。

出典：国連教育科学文化機関統計研究所

⑦ わたしたちにできること

男女格差や男尊女卑といった現実は開発途上国だけでなく、日本もふくめた先進国にも見られます。どの国でも、政府をはじめ、さまざまな組織や団体が、その解決のためにいろいろな対策をとっています。

まずは知ることから

目標6「ジェンダー平等を実現しよう」の達成には、国の政策が重要であるのはいうまでもありません。でも、わたしたち個人レベルでも、できることはあります。そのはじめの一歩は、SDGsの17個の目標のすべてについて世界の現実を理解することです。

以下は、わたしたちが理解しておくべきことを、項目ごとにかんたんにまとめたものです。

- **貧困**：女性は家事や育児など、過重な無償労働（→p30）が多く、女性の経済活動への参加の機会が少ない。この背景に貧困がある。
- **教育**：識字率をあげることが必須（→p21）。識字率のアップには、小中学校の教育が重要。同時に、子どもの教育の必要性をすべての人に理解させることが必要だ。
- **健康**：出産、HIVやエイズに関する知識が欠如していると、女性が健康を損なう原因になる。男女ともにこれらについて教育していく必要がある。
- **人権**：性交渉や結婚の決定権がない女性がいることは見逃せない。また、子どもであるにもかかわらず結婚させられる児童婚をなくさなければならない。人身売買や売春の撲滅は、ジェンダー平等の絶対条件である。
- **災害**：男女格差が大きい地域では、女性は家にいる時間がながいため、台風や水害などの犠牲になりやすい現実がある。

飲み水がかんたんに手に入らない地域では、女性や子どもは水くみのために教育を受ける時間が少なくなっているといわれる。

自分の得た知識を広める

　世界と日本の男女格差や男尊女卑が実際に、どのようになっているかを調べ、おかしいと思うことについては、反対の意思表示をすることが重要です。

　同じ考えをもつ人たちと、どうすればジェンダー平等が実現するかなどを話しあうこと、自分たちのそうした考えをより多くの人に知ってもらうように努力すること（SNSなどを活用して情報を発信・拡散する）。こうしたことから、自分ができることをやっていくとよいでしょう。

もっとくわしく

日本の現状は？

日本では、高度経済成長期に入ったころからしだいに女性が社会に進出するようになった。1986年には男女雇用機会均等法が、1999年には男女共同参画社会基本法が制定され、ジェンダー平等が実現するかに見えた。だが、残念ながら今でも、日本はジェンダー平等の実現が遠い国だといわれている。男女の賃金にかなりの格差が見られたり、非正規雇用の割合も女性のほうがはるかに高かったりする。同じときに就職して経験をつんでも、男性と同じような役職につけないこともある。

寄付やボランティア

　日本にも、ジェンダー平等の実現を目的として、さまざまな活動をおこなっている組織や団体があります（→p28、29）。そうしたところでは、たいてい広く寄付を募っています。寄付をすることも、わたしたちにできることです。将来は、そうした組織や団体でボランティアをしたり、仕事をすることも考えられるでしょう。いまは、自分自身の将来を考えるためにも、さまざまな情報を得るようにすることがたいせつです。

国際NGOの支援により、女性の権利について講義を受ける女性たち（バングラデシュ）。

日本人として、日本の現実をしっかり見て、自分の考えをもつべきだね。女性の人権尊重についてはっきり意思表示をしてほしい！

⑧ だからSDGs目標5

ジェンダー平等を実現するには、さまざまな課題を同時に解決していかなければなりません。だからこそのSDGs！

さまざまな課題の解決が必要

人類がいまだにジェンダー平等を達成できない理由として14、15ページに記したような、さまざまな問題があって、それぞれが深くからみあっていることがあげられます。女性差別をなくすには、その根本的な原因とされる貧困の問題を解決しなければなりません。

女の子がしっかり教育を受けられるようにしないと、やがて子どもを産んでも、その子も貧困のままでは、つぎの世代でも女性差別はくりかえされてしまいます（「貧困の連鎖」→『貧困』の巻）。

貧困は、水不足によって農作物がとれないために起こることがあります。そして、水不足の背景には、近年の気候変動があります。

女性差別をなくすには、こうした人類がかかえているさまざまな問題を同時に解決していかなければなりません。だから、SDGs目標5「ジェンダー平等」がかかげられ、ほかの目標とともに達成をめざしているのです。

１人の女性が子どもを産む人数は、先進国では平均約1.5人だが、開発途上国のなかでもとくに開発がおくれている国ぐに（後発開発途上国）では平均約5人といわれる。

開発途上国の農村では、女性に収入の手段がないことが、差別の原因の１つになっている。そのため、国際NGOなどは女性の就業支援をおこなっている。

くもの巣チャートで考えよう!

SDGsのとくちょうの１つとして、17個の目標のうちどれかを達成しようとすると、ほかの目標も同時に達成していかなければならないということがいわれています。ここでは、目標５と強く関係するほかの目標との関連性を見てみましょう。

目標５の達成が、ほかの目標の達成度に影響をあたえるんだね。

3 女性差別がある社会では、若い女性のエイズや出産による死亡率が高くなっている。なぜなら、女性が妊娠を自分で選択できなかったり、適切な治療を受けられなかったりすることがあるからだ。すべての人が健康にくらすためには、ジェンダー平等が必要だ。

4 開発途上国の一部では、女の子が小学校にいくことを制限される地域がある。一方で、多くの国では、高校や大学にいくのは、女性のほうが少ない。教育を受けられない人は、貧困におちいりやすいという。

1 女性差別によって、女性が極度の貧困におちいりやすくなる。また、貧困が女性の差別につながっている。開発途上国では、貧困によって女性が働かされたり学校にいけなくなったりすることがある。

8 すべての人が働きがいのある人間らしい仕事をするためには、ジェンダー平等が必要。賃金や安全性が低い労働条件を改善したり、セクシュアルハラスメント*を取りのぞいたりして、ジェンダー平等を達成すべきである。

17 女性の権利が守られる制度が必要。女性が教育を受ける機会を提供したり、職業につくための訓練をしたりするなどの国際協力も必要だ。

10 女性差別をなくすためには、差別的な法律や慣習をなくすことが不可欠。そのためには、職場や政治の場で女性がリーダーシップをとる必要がある。

16 戦争や紛争が起こると、社会的に立場の弱い人が犠牲になる。難民の多くは、女性と子どもだ。平和を維持することが、女性差別の解消につながる。

*相手がいやがる性的な言動や行動。

目標5のターゲットの子ども訳

SDGs の全169個のターゲット*は、もともと英語で書かれていました。それを外務省が日本語にしたのが、下の　　のもの。むずかしい言葉が多いので、このシリーズでは、ポイントをしぼって「子ども訳」をつくりました。

5.1　女性や女の子に対する差別をなくす。

5.2　女性や女の子に対する人身売買や性暴力などをなくす。

5.3　未成年者の結婚、女性器切除などの慣習をなくす。

5.4　育児や介護などの家事労働を社会的に評価する。

5.5　あらゆる分野で女性が参加する機会をつくる。

5.6　性と出産に関する権利を守る。

性や出産に関しては国家政策ではなく、個人の決定が尊重されることが必要。

5.a　女性が土地、相続財産、金融サービス、天然資源などを自由に買ったり管理したりできるようにする。

5.b　女性が社会で活躍するためのスキル（ICT技術など）を身につける機会を充実させる。

5.c　ジェンダー平等を進めるための政策や法律をつくる。

目標5のターゲット（外務省仮訳）

5.1　あらゆる場所におけるすべての女性および女子に対するあらゆる形態の差別を撤廃する。

5.2　人身売買や性的、その他の種類の搾取など、すべての女性および女子に対する、公共・私的空間におけるあらゆる形態の暴力を排除する。

5.3　未成年者の結婚、早期結婚、強制結婚、および女性器切除など、あらゆる有害な慣行を撤廃する。

5.4　公共のサービス、インフラ、および社会保障政策の提供、ならびに各国の状況に応じた世帯・家族内における責任分担を通じて、無報酬の育児・介護や家事労働を認識・評価する。

5.5　政治、経済、公共分野でのあらゆるレベルの意思決定において、完全かつ効果的な女性の参加および平等なリーダーシップの機会を確保する。

5.6　国際人口開発会議（ICPD）の行動計画および北京行動綱領、ならびにこれらの検討会議の成果文書に従い、性と生殖に関する健康および権利への普遍的アクセスを確保する。

5.a　女性に対し、経済的資源に対する同等の権利、ならびに各国法に従い、オーナーシップ、および土地その他の財産、金融サービス、相続財産、天然資源に対するアクセスを与えるための改革に着手する。

5.b　女性のエンパワーメント促進のため、ICTをはじめとする実現技術の活用を強化する。

5.c　ジェンダー平等の促進、ならびにすべての女性および女子のあらゆるレベルでのエンパワーメントのための適正な政策および拘束力のある法規を導入・強化する。

*SDGsでは17の目標それぞれに「ターゲット」とよばれる「具体的な目標」を決めている。

ここでは、「ジェンダーギャップ指数（GGI）」（→p6）と「ジェンダー不平等（GII）」（→p18）について世界の国ぐにのランキングを見てみましょう。北欧の国ぐにだけでなく、意外な国がジェンダー平等を実現していることにおどろくかもしれません。

●ジェンダーギャップ指数（GGI）ランキング 2019年

順位	国名	指数	順位	国名	指数	順位	国名	指数
1	アイスランド	0.877	52	カーボベルデ	0.725	103	フィジー	0.678
2	ノルウェー	0.842	53	アメリカ	0.724	104	マレーシア	0.677
3	フィンランド	0.832	54	シンガポール	0.724	105	ハンガリー	0.677
4	スウェーデン	0.820	55	ルーマニア	0.724	106	中国	0.676
5	ニカラグア	0.804	56	モザンビーク	0.723	107	ガーナ	0.673
6	ニュージーランド	0.799	57	チリ	0.723	108	韓国	0.672
7	アイルランド	0.798	58	ホンジュラス	0.722	109	ケニア	0.671
8	スペイン	0.795	59	ウクライナ	0.721	110	ベリーズ	0.671
9	ルワンダ	0.791	60	クロアチア	0.720	111	シエラレオネ	0.668
10	ドイツ	0.787	61	バハマ	0.720	112	インド	0.668
11	ラトビア	0.785	62	マダガスカル	0.719	113	グアテマラ	0.666
12	ナミビア	0.784	63	スロバキア	0.718	114	ミャンマー	0.665
13	コスタリカ	0.782	64	イスラエル	0.718	115	モーリシャス	0.665
14	デンマーク	0.782	65	ウガンダ	0.717	116	マラウイ	0.664
15	フランス	0.781	66	ペルー	0.714	117	東ティモール	0.662
16	フィリピン	0.781	67	ベネズエラ	0.713	118	アンゴラ	0.660
17	南アフリカ	0.780	68	タンザニア	0.713	119	ベナン	0.658
18	スイス	0.779	69	ボスニア・ヘルツェゴビナ	0.712	120	アラブ首長国連邦	0.655
19	カナダ	0.772	70	北マケドニア	0.711	121	日本	0.652
20	アルバニア	0.769	71	モンテネグロ	0.710	122	クウェート	0.650
21	イギリス	0.767	72	カザフスタン	0.710	123	モルディブ	0.646
22	コロンビア	0.758	73	ボツワナ	0.709	124	チュニジア	0.644
23	モルドバ	0.757	74	ジョージア	0.708	125	ギニア	0.642
24	トリニダード・トバゴ	0.756	75	タイ	0.708	126	バヌアツ	0.638
25	メキシコ	0.754	76	イタリア	0.707	127	パプアニューギニア	0.635
26	エストニア	0.751	77	スリナム	0.707	128	ナイジェリア	0.635
27	ベルギー	0.750	78	チェコ	0.706	129	ブルキナファソ	0.635
28	バルバドス	0.749	79	モンゴル	0.706	130	トルコ	0.635
29	ベラルーシ	0.746	80	エルサルバドル	0.706	131	ブータン	0.635
30	アルゼンチン	0.746	81	ロシア	0.706	132	アルジェリア	0.634
31	キューバ	0.746	82	エチオピア	0.705	133	バーレーン	0.629
32	ブルンジ	0.745	83	エスワティニ	0.703	134	エジプト	0.629
33	リトアニア	0.745	84	ギリシャ	0.701	135	カタール	0.629
34	オーストリア	0.744	85	インドネシア	0.700	136	ガンビア	0.628
35	ポルトガル	0.744	86	ドミニカ共和国	0.700	137	タジキスタン	0.626
36	スロベニア	0.743	87	ベトナム	0.700	138	ヨルダン	0.623
37	ウルグアイ	0.737	88	レソト	0.695	139	マリ	0.621
38	オランダ	0.736	89	カンボジア	0.694	140	トーゴ	0.615
39	セルビア	0.736	90	マルタ共和国	0.693	141	モーリタニア	0.614
40	ポーランド	0.736	91	キプロス	0.692	142	コートジボワール	0.606
41	ジャマイカ	0.735	92	ブラジル	0.691	143	モロッコ	0.605
42	ボリビア	0.730	93	キルギス	0.689	144	オマーン	0.602
43	ラオス人民民主共和国	0.731	94	アゼルバイジャン	0.687	145	レバノン	0.599
44	オーストラリア	0.731	95	ブルネイ	0.686	146	サウジアラビア	0.599
45	ザンビア	0.731	96	カメルーン	0.686	147	チャド	0.596
46	パナマ	0.730	97	リベリア	0.685	148	イラン	0.584
47	ジンバブエ	0.730	98	アルメニア	0.684	149	コンゴ民主共和国	0.578
48	エクアドル	0.729	99	セネガル	0.684	150	シリア	0.567
49	ブルガリア	0.727	100	パラグアイ	0.683	151	パキスタン	0.564
50	バングラデシュ	0.726	101	ネパール	0.680	152	イラク	0.530
51	ルクセンブルク	0.726	102	スリランカ	0.680	153	イエメン	0.494

出典：世界経済フォーラム「Global Gender Gap Report 2020」

●ジェンダー不平等指数（GII）ランキング　2018年

順位	国名	指数	順位	国名	指数	順位	国名	指数
1	スイス	0.037	55	バルバドス	0.256	108	ナミビア	0.460
2	スウェーデン	0.040	56	ハンガリー	0.258	110	ラオス	0.463
2	デンマーク	0.040	57	アルメニア	0.259	111	ボツワナ	0.464
4	オランダ	0.041	58	マレーシア	0.274	112	スリナム	0.465
5	ノルウェー	0.044	59	ウルグアイ	0.275	113	ヨルダン	0.469
6	ベルギー	0.045	60	ウクライナ	0.284	114	カンボジア	0.474
7	フィンランド	0.050	61	コスタリカ	0.285	115	ネパール	0.476
8	フランス	0.051	62	チリ	0.288	116	ホンジュラス	0.479
9	アイスランド	0.057	63	チュニジア	0.300	117	パラグアイ	0.482
10	韓国	0.058	64	ウズベキスタン	0.303	118	イラン	0.492
11	シンガポール	0.065	65	オマーン	0.304	118	モロッコ	0.492
12	スロベニア	0.069	66	トルコ	0.305	118	ガイアナ	0.492
12	イタリア	0.069	67	キューバ	0.312	118	グアテマラ	0.492
14	オーストリア	0.073	68	ベトナム	0.314	122	インド	0.501
15	スペイン	0.074	69	ルーマニア	0.316	123	エチオピア	0.508
16	ルクセンブルク	0.078	70	アゼルバイジャン	0.321	124	ブルンジ	0.520
17	ポルトガル	0.081	71	モンゴル	0.322	125	セネガル	0.523
18	カナダ	0.083	72	トリニダード・トバゴ	0.322	126	ジンバブエ	0.525
19	ドイツ	0.084	73	セントルシア	0.333	127	ウガンダ	0.531
20	キプロス	0.086	74	メキシコ	0.334	128	ガボン	0.534
21	エストニア	0.091	75	ジョージア	0.351	129	バングラデシュ	0.536
22	アイルランド	0.093	76	バハマ	0.353	130	タンザニア	0.539
23	日本	0.099	77	アルゼンチン	0.354	131	イラク	0.540
24	イスラエル	0.100	78	フィジー	0.357	131	ザンビア	0.540
25	オーストラリア	0.103	79	レバノン	0.362	133	ガーナ	0.541
26	アラブ首長国連邦	0.113	80	サモア	0.364	134	ケニア	0.545
27	英国	0.119	81	モルディブ	0.367	135	レソト	0.546
27	ベラルーシ	0.119	82	モーリシャス	0.369	136	サントメ・プリンシペ	0.547
27	モンテネグロ	0.119	83	カーボベルデ	0.372	136	パキスタン	0.547
30	ポーランド	0.120	84	タイ	0.377	136	シリア	0.547
31	ギリシャ	0.122	84	タジキスタン	0.377	139	スーダン	0.560
31	クロアチア	0.122	86	スリランカ	0.380	140	カメルーン	0.566
33	リトアニア	0.124	87	ペルー	0.381	140	トーゴ	0.566
34	ニュージーランド	0.133	87	キルギス	0.381	142	モザンビーク	0.569
35	チェコ	0.137	89	ブラジル	0.386	143	アフガニスタン	0.575
36	北マケドニア	0.145	90	エクアドル	0.389	144	アンゴラ	0.578
37	セルビア	0.161	91	ベリーズ	0.391	145	コンゴ共和国	0.579
38	ボスニア・ヘルツェゴビナ	0.162	92	エルサルバドル	0.397	145	エスワティニ	0.579
39	中国	0.163	93	ジャマイカ	0.405	147	ブルキナファソ	0.612
40	ラトビア	0.169	94	コロンビア	0.411	148	ベナン	0.613
41	リビア	0.172	95	ルワンダ	0.412	149	マラウイ	0.615
42	米国	0.182	96	トンガ	0.418	150	モーリタニア	0.620
43	スロバキア	0.190	97	南アフリカ	0.422	150	ハイチ	0.620
44	マルタ	0.195	98	フィリピン	0.425	150	ガンビア	0.620
45	カタール	0.202	99	ブータン	0.436	153	シエラレオネ	0.644
46	カザフスタン	0.203	100	アルジェリア	0.443	154	ニジェール	0.647
47	バーレーン	0.207	101	ボリビア	0.446	155	リベリア	0.651
48	ブルガリア	0.218	102	エジプト	0.450	156	コンゴ民主共和国	0.655
49	サウジアラビア	0.224	103	インドネシア	0.451	157	コートジボワール	0.657
50	モルドバ	0.228	104	ドミニカ共和国	0.453	158	マリ	0.676
51	ブルネイ	0.234	105	ニカラグア	0.455	159	中央アフリカ	0.682
51	アルバニア	0.234	106	ベネズエラ	0.458	160	チャド	0.701
53	クウェート	0.245	106	ミャンマー	0.458	161	パプアニューギニア	0.740
54	ロシア	0.255	108	パナマ	0.460	162	イエメン	0.834

出典：国連開発計画「Human Development report 2020」

ジェンダー平等を実現させるために活動している組織や団体は、ほとんどの国にあります。ここでは、国連機関や日本にある国際的に活動するいくつかのNGOについて、その概要＊を紹介します。

● UN WOMEN（ユーエヌウィミン）

国連ウィメン日本協会
〒244-0816 神奈川県横浜市
戸塚区上倉田町435-1
電話：045-869-6787
FAX：045-869-6787

ジェンダー平等と女性のエンパワーメントのための国連機関。本部はニューヨーク。2011年に、国連のジェンダー関連の機関が統合されて発足。同時に、日本の窓口となる国連ウィメン日本協会も発足した。

● 公益財団法人プラン・インターナショナル・ジャパン

〒154-8545 東京都世田谷区三軒茶屋2-11-22
サンタワーズセンタービル　10階&11階
電話：03-5481-0030
FAX：03-5481-6200

子どもの権利を推進し、貧困や差別のない社会を実現するために世界70か国以上で活動する国連に公認・登録された国際NGO。創立は1937年。市民社会や政府機関、国際機関と連携しながら、とりわけ女の子や女性への支援に力を入れている。日本では1983年に設立。

● 公益財団法人ジョイセフ

女性.選択できる世界を.
JOICFP

〒162-0843 東京都新宿区市谷田町1-10
保健会館新館
電話：03-3268-5875
FAX：03-3235-9774

1968年、日本で設立。世界の妊産婦と女性の命と健康を守るために活動している国際NGO。戦後の日本が実践してきた家族計画・母子保健の分野での経験やノウハウを開発途上国に伝えてほしいという国際的な要望を受け、設立された。世界30か国以上で活動。

©MIKI TOKAIRIN

● 公益財団法人ケア・インターナショナル ジャパン

care

〒171-0031 東京都豊島区目白2-2-1
目白カルチャービル　5階
電話：03-5950-1335
FAX：03-5950-1375

1945年、第二次世界大戦の影響を受けた地域への援助を目的としてアメリカで設立。現在は国際NGOとして、開発途上国の女性・女児のエンパワーメントとジェンダー平等の促進を目的に、世界100か国以上で活動している。日本では、1987年に設立。

©Josh Estey/CARE

＊各団体についての情報は、2020年7月時点のもの。

きょうみのある団体（だんたい）を自分（じぶん）で調（しら）べてみよう！

● 認定特定非営利活動法人ICA文化事業協会（にんていとくていひえいりかつどうほうじんアイシーエーぶんかじぎょうきょうかい）

ICA Japan
The Institute of Cultural Affairs

〒157-0072 東京都世田谷区
祖師谷4-1-22-2階
電話：03-3484-5092
FAX：03-3484-1909

1980年（ねん）より開発途上国（かいはつとじょうこく）を中心（ちゅうしん）に女性（じょせい）と子（こ）どものエンパワーメント、貧困削減（ひんこんさくげん）、自然環境保護（しぜんかんきょうほご）などの事業（じぎょう）を実施（じっし）するNGO（エヌジーオー）。カナダに本部（ほんぶ）を置（お）くICA（アイシーエー）インターナショナルに加盟（かめい）し、35か国（こく）と連携（れんけい）。その地域（ちいき）に住（す）む人（ひと）びとを主役（しゅやく）に、文化（ぶん か）・社会（しゃかい）・経済（けいざい）のバランスの取（と）れた開発（かいはつ）と人材育成（じんざいいくせい）をめざしている。

● 特定非営利活動法人アーシャ＝アジアの農民と歩む会（とくていひえいりかつどうほうじんアーシャ＝アジアののうみんとあゆむかい）

特定非営利活動法人
アーシャ
ASHA　アジアの農民と歩む会

〒329-2703 栃木県那須塩原市
槻沢83-17
電話：0287-47-7840
FAX：0287-47-7841

2004年（ねん）に日本（にほん）で設立（せつりつ）。持続可能（じぞくかのう）な農業（のうぎょう）の普及（ふきゅう）、貧困家庭（ひんこんかてい）の子（こ）ども・女性（じょせい）の教育支援（きょういくしえん）、女性（じょせい）の地位向上（ちいこうじょう）、栄養（えいよう）・母子保健（ぼしほけん）改善（かいぜん）、収入向上（しゅうにゅうこうじょう）を促（うなが）す事業（じぎょう）を実施（じっし）する国際NGO（こくさいエヌジーオー）。総合的（そうごうてき）な農村（のうそん）の発展（はってん）をめざし、特（とく）に農村青年（のうそんせいねん）・女性（じょせい）の人材育成（じんざいいくせい）に力（ちから）を入（い）れて支援（しえん）している。

● 認定NPO法人アクセス（にんていエヌピーオーほうじん）

access

〒612-0029 京都府京都市伏見区
深草西浦町8丁目85-4
電話：075-643-7232
FAX：075-643-7232

1988年（ねん）に日本（にほん）で設立（せつりつ）。6人（にん）に1人（ひとり）が小学校（しょうがっこう）を卒業（そつぎょう）できないフィリピンの貧（まず）しい地域（ちいき）で、子（こ）どもに教育（きょういく）を、女性（じょせい）に仕事（しごと）を提供（ていきょう）し、その権利（けんり）を守（まも）る国際NGO（こくさいエヌジーオー）。住民（じゅうみん）がたがいに助（たす）けあうともに、問題（もんだい）を解決（かいけつ）する力（ちから）を向上（こうじょう）させるよう活動（かつどう）する。

● 認定NPO法人国際協力NGO・IV－JAPAN（にんていエヌピーオーほうじんこくさいきょうりょくエヌジーオー・アイヴィージャパン）

IV-JAPAN
International cooperation NGO

〒330-0856 埼玉県さいたま市大宮区
三橋2-545-2　シティヒルズ101
電話：048-622-8612
FAX：048-622-8612

1988年（ねん）から活動（かつどう）。ラオスの女性（じょせい）・青少年（せいしょうねん）の経済的自立（けいざいてきじりつ）を支援（しえん）し、起業（きぎょう）・就業（しゅうぎょう）を促進（そくしん）するために調理（ちょうり）・縫製（ほうせい）・理美容（りびよう）・木工（もっこう）などの職業訓練（しょくぎょうくんれん）をおこなっている国際NGO（こくさいエヌジーオー）。また子（こ）どもたちがよりよい環境（かんきょう）で勉強（べんきょう）に専念（せんねん）できるよう、校舎建設（こうしゃけんせつ）や奨学金事業（しょうがくきんじぎょう）をおこなう。

SDGs関連用語解説

英語の Female Genital Mutilation の頭文字で、日本語では「女性性器切除」。アフリカや中東、アジアの一部の国ぐにでおこなわれている、女性の性器の一部を切除してしまう慣習（ユニセフホームページより）。この慣習が非常にひどいものだとわかっていても、いまだにおこなわれている国や地域がある。SDGs目標5では、ただちになくすことをかかげている。

国連教育科学文化機関（ユネスコ）では、「15歳以上の人口に対する、日常生活の簡単な内容についての読み書きができる人口の割合」と定義している。読み書きができることは社会生活の根幹にかかわるので、SDGs目標4のターゲットの1つにされている。ユネスコの調査によって、女性や貧困層の識字率が低いことがわかっている。

おこないや考えかたが、かたにはまっていて、自分らしさがないこと。

世界の大手企業などで組織する非営利団体。毎年開催する総会は、スイスのダボスでおこなわれるためダボス会議とよばれる。世界経済の発展には男女格差をなくすことが重要だとして、毎年ジェンダーギャップ指数を発表している。2020年の報告書では、このままのペースでは世界の男女格差解消は99.5年後になってしまうと示した。

国連が1975年に3月8日を国際女性デーと定めた。女性差別をなくし女性の地位を向上させることをうったえる。そのはじまりは、20世紀のはじめに起こったアメリカやヨーロッパでの労働運動だった。2020年の国際女性デーのテーマは「平等を目指す全ての世代：女性の権利を考えよう」で、世界に展開された。

開発途上国の開発課題の解決に向けて取りくむ国連の機関。ほかの機関と協力して、ジェンダー平等の推進によって開発途上国の開発を進めている。2020年のUNDP人間開発報告書で、女性に対する偏見や先入観がジェンダー平等のさまたげになっていることを示した。

賃金や報酬が支払われない労働や活動のこと。その典型は家事、育児、介護といわれる。1995年に北京で開催された国連の世界女性会議において、女性が無償労働の大部分をになっているにもかかわらず正当に評価されていないという問題が示され、世界中で数量的に評価する研究がはじまった。内閣府の2016年の調査によると、日本では家事の8割を女性がになっており、無償労働の合計は約143兆円で、GDPの2割程度の大きさがあることがわかった。

※数字は、関連用語がのっているページを示しています。

さくいん

■著
稲葉茂勝（いなばしげかつ）
1953年東京生まれ。東京外国語大学卒。編集者としてこれまでに1350冊以上の著作物を担当。著書は80冊以上。近年子どもジャーナリスト（Journalist for Children）として活動。2019年にNPO法人子ども大学くにたちを設立し、同理事長に就任して以来「SDGs子ども大学運動」を展開している。

■監修
渡邉 優（わたなべまさる）
1956年東京生まれ。東京大学卒業後、外務省に入省。大臣官房審議官、キューバ大使などを歴任。退職後、知見をいかして国際関係論の学者兼文筆業へ。『ゴルゴ13』の脚本協力も手がける。著書に『知られざるキューバ』（ベレ出版）、『グアンタナモ　アメリカ・キューバ関係にささった棘』（彩流社）などがある。外務省時代の経験・知識により「SDGs子ども大学運動」の支柱の1人として活躍。日本国際問題研究所客員研究員、防衛大学校教授、国連英検特A級面接官なども務める。

■表紙絵
黒田征太郎（くろだせいたろう）
ニューヨークから世界へ発信していたイラストレーターだったが、2008年に帰国。大阪と門司港をダブル拠点として、創作活動を続けている。著書は多数。2019年には、本書著者の稲葉茂勝とのコラボで、手塚治虫の「鉄腕アトム」のオマージュ『18歳のアトム』を発表し、話題となった。

■絵本
文：稲葉茂勝（いなばしげかつ）
文：あぜみちあかり
難病と闘う女性。高校時代、NHKテレビで稲葉茂勝の絵本について書評を述べたことがきっかけで、今回の作品を書くに至った。
絵：大木あきこ（おおきあきこ）
東京造形大学卒業。絵本に『うんどうかいがなんだ！』、『おばけのがっこう』シリーズ（新日本出版社）、『さかあがりができる！』（ポプラ社）など。挿し絵も手がける。

■編さん
こどもくらぶ
編集プロダクションとして、主に児童書の企画・編集・制作をおこなう。全国の学校図書館・公共図書館に多数の作品が所蔵されている。

■編集
津久井 惠（つくいけい）
40数年間、児童書の編集に携わる。現在フリー編集者。日本児童文学者協会、日本児童文芸家協会、季節風会員。

■G'sくん開発
稲葉茂勝
（制作・子ども大学くにたち事務局）

■地図
周地社

■装丁・デザイン
矢野瑛子・佐藤道弘

■DTP
こどもくらぶ

■イラスト協力（p26）
ウノ・カマキリ

■写真協力
p12：©Samrat35 - Dreamstime.com
p13：©Denis Vostrikov - Dreamstime.com
p13：©NHKエンタープライズ
p14：©Russ Keyte
p16：AAP Image/アフロ
p17：©timquijano
p18：©Elena Baryshnikova - Dreamstime.com
p19：プラナ / PIXTA
p20：©Bread for the World
p22：UN Photo/Albert González Farran
p23：©プランインターナショナル
p24：©Albertshakirov - Dreamstime.com
p24：©Victoria Knobloch - Dreamstime.com
p24：©プランインターナショナル

ミックス
紙｜責任ある森林管理を支えています
FSC® C013238
www.fsc.org

SDGsのきほん　未来のための17の目標⑥ ジェンダー 目標5　　　　　　　　　　N.D.C.367

2020年9月　第1刷発行　　2023年1月　第4刷

著　　　稲葉茂勝
発行者　千葉 均　　編集　原田哲郎
発行所　株式会社ポプラ社
　　　　〒102-8519　東京都千代田区麹町4-2-6
　　　　ホームページ　www.poplar.co.jp
印刷・製本　図書印刷株式会社

Printed in Japan
©Shigekatsu INABA 2020

31p 24cm
ISBN978-4-591-16738-0

おばあちゃんからひ孫世代へのメッセージ

　わたしは、今年で88歳、ひ孫が3人います。車の運転免許証はもう返納しましたが、自転車に乗ってはしりまわっています。家族に見つかるとしかられますが。

　かつて、PTA活動や消費者運動など社会運動にたずさわっていました。1983年の第13回参議院議員選挙に出馬して、その後12年間議員活動をしました。

　高齢になり議員をやめてからは、女性の社会参加や福祉問題・環境問題を地域社会で展開してきました。女性の社会参加を支援する基金も創設しました。

　2000年にMDGsが決議した際には、その日本での推進にいちはやく取りくみました。そしていま、SDGsの達成のために、さらにこれまでの経験を生かして実現のためにがんばりたいと思っております。

　とはいっても、わたしに何ができるのかわかりません。でも、G'sくんが教えてくれました。新型コロナウイルスの恐怖のなか、自宅にずっといるわたしは、ひ孫といっしょにG'sくん折り紙を折りながら、SDGsについて自分の思いや考えを家族に話しています。こういった身近な生活のなかで、SDGsを周囲の人たちに広めていくことが、SDGsの目標達成には欠かせないことなのではないでしょうか。

刈田貞子　元参議院議員

ＳＤＧｓのきほん　未来のための17の目標

全18巻

G'sくんのつくりかた

G'sくんは ぼくだよ。 写真

パーツⒶⒷは同じ色の折り紙でつくるよ。

ⒶⒷの順につくってから合体してね。

Ⓐ Ⓑ

パーツⒶのつくりかた

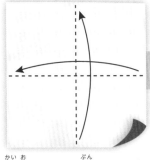

2回折って、4分の1にする。

すべて 開く。

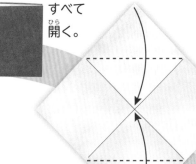

中心に向けて折る。

半分に折る。

山折り　谷折り

半分に折る。

まん中であわせる

パーツⒷのつくりかた

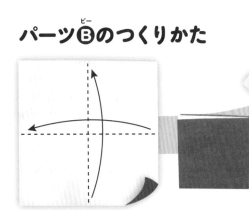

2回折って、4分の1にする。

すべて 開く。

中心に向けて折る。

半分に折る。

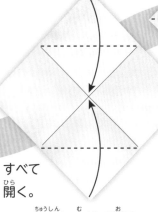

まん中であわせる

谷折り　山折り